POR SI NO AMANECE

IN CASE DAWN NEVER COMES

BELKIS M. MARTE

Publicado por / Published by El Tablazo Lee

TRANSLATED BY EDGAR SMITH

Por si no amanece / In case dawn never comes
All rights reserved © Belkis M. Marte 2023.
Todos los derechos reservados 2023.

Publicado por El Tablazo Lee.

Impreso en los Estados Unidos de América.
Printed in the United States of America.

This is a work of poetry from the imagination of its author.
No similarities of any kind are intended, but the result of chance.

Este trabajo poético salió de la imaginación de su autora.
Cualquier similitud carece de intensión y es solo el resultado
de la casualidad.

Do not sell, copy or reproduce this work by any means, in parts
or in full, without previous written consent from the author.

No venda, distribuya o copie este trabajo, en partes o completo,
sin la autorización previa y por escrito de su autora.

Edición y diseño por / Editing and design by Books&Smith.
Traducido por / Translated by Edgar Smith.

ISBN: 978-1-7344830-5-5

Este libro va dedicado a esos seres que erróneamente alguna vez han pensado que la vida ha llegado a su final. A los que la desconfianza les ha dejado sin norte, haciéndoles pensar que todos los seres humanos son iguales. Quiero decirles que la vida no termina por una decepción. Mi libro va para ti, que te has parado de la comodidad de tu infortunio y te has encontrado de nuevo. Has mirado a tu alrededor y te has dado cuenta de que todo sigue intacto. Que el estruendo que te hizo temblar fue una implosión. ¡Solo te pasó a ti! El mundo y sus componentes siguieron su curso, mientras tú saltabas por encima de los escombros de tus pérdidas. Nadaste en aguas malvadas. A ti dedico mis letras porque saliste a flote. Porque le encontraste el sentido a tu vida. Porque entendiste que para los gustos se hicieron los colores, los aromas y los amores. Para ti, que has aprendido a verte como lo que eres, única, especial y digna de ser. ¡Mírate al espejo! Dite, esa soy yo. Luchadora, orgullosa de mis raíces. Defensora de mis derechos. Acogedora de mis defectos. Esa soy yo. Mis sueños son importantes y desde hoy veo en el cielo, el limite.

—Belkis M. Marte

I dedicate this book to those who have at some point, mistakenly, thought that their lives had come to an end. To those whom mistrust has left stranded, without direction, making them think that all human beings are the same. I want to tell you that life does not end with disappointment. My book is for you, who have stood up from the comfort of your misfortune and found yourself again. You have looked around you and realized that everything is still intact—that the roar that made you tremble was an implosion. It only happened to you! The world and its components continued on their course, while you leapt over the rubble of your losses. You swam in evil waters. I dedicate my verses to you because you came out afloat. Because you found meaning in your life. Because you understood that when it comes to colors, aromas and loves, all we must think is: to each their own. For you, who have learned to see yourself as what you are, unique, special and worthy of being. Look in the mirror! Tell yourself: that's me. A fighter, proud of my roots. I defend my rights. I welcome my flaws. That's me. My dreams are important and, from today on, I will see that the sky is, indeed, the limit.

—*Belkis M. Marte*

PRÓLOGO

Por si no amanece, de la escritora Belkis M. Marte, es el título de una obra que sugiere el letargo oscuro de una infinita noche, viciada de incertidumbre y desamor. Es también el cofre que guarda las risas infantiles; ese espacio que, al pasar el tiempo, y en la quimera de las noches, cuando el vacío hiere, se llena de hechizos y se abre al gozo y a la pasión desenfrenada.

La autora, en este poemario, ata a cada recuerdo la naturaleza que le rodea: la lluvia, el sabor de la caña negra, el fraternal abrazo de los mangos y aguacates que funden sus ramajes, mientras la luna, quizás, mira al río de aguas limpias que lava la ropa y ayuda en la dura faena a una madre, mujer de campo.

Marte enlaza con maestría todos los amores: filial, patriótico, erótico, y el amor en sí mismo; y sobre ellos luego nos va enseñando el adverso de cada uno, logrando de este modo mostrar la moneda por sus dos caras.

La seducción de la palabra la encontramos en cada verso, renglones cargados de imágenes que dibujan soledad, duda y miedo.

En *Por si no amanece* encontramos poemas que saben de la injusticia, *"la balanza torcida"*, como la autora le denomina; numerosas frases que suplican volver a empezar, imágenes que engloban y tratan de armar al desmembrado ser que llora y espera: *"va creciendo un pozo"*; a ese que grita: *"¿Te encierran? ¿Dónde está la justicia?"*; a ese individuo que propone: *"Aprendamos a aprendernos"*; y también a ese otro que canta y baila: *"Un arcoíris me encamina ya a tu encuentro"*.

Belkis M. Marte, a través de los setenta poemas que conforman este libro, nos insta a recordar, y logra que nos identifiquemos con un cúmulo de sentimientos que llevamos enterrados. Ella de igual forma nos devuelve a la sutileza, ya lejana, que hay detrás de una margarita deshojada por la curiosidad de saber si somos o no queridos. Curiosamente y a pesar del desconsuelo siempre hay enseñanzas, tratos, promesas, resoluciones; es decir, hay una vida por vivir con altas ilusiones.

Importante es el sentimiento profundo que demuestra la autora por su raza, su cultura, sus padres y la tierra que la vio nacer.

En el poema *"Yo soy negra"*, afirma con orgullo:

> *"Yo soy negra como el carbón*
> *Que cuece tus manjares*

Mi pelo enmarañado lo grita al viento..."

La poeta valora la vida, se entrega por entero, cae, pero se yergue, habla, calla, llora, ríe, se estremece sin remedio, pero por encima de todo se prepara: *Por si no amanece.*

Gisela Vives
Escritora

FOREWORD

In Case Dawn Never Comes, by writer Belkis M. Marte, is the title of a work that suggests the dark lethargy of an infinite night, filled with uncertainty and heartbreak. It is also the chest that keeps the laughter of childhood; the space that, as time passes (and in the chimera of nights), when emptiness hurts, overflows with spells—opening up to joy and unbridled passion.

In this collection of poems, the author ties each memory to the nature that surrounds it: the rain, the taste of the black cane, the fraternal embrace of the mangoes and avocados whose branches intertwine, while the moon, perhaps, looks at the clean water of the river and at a woman, a mother, washing clothes in it, always hard at work.

Marte masterfully links all forms of love: filial, patriotic, erotic, and *love itself*; and then shows us the opposite angle of each, thus managing to portray both sides of the coin.

There's seduction to be found in every verse, but also lines loaded with images that draw loneliness, doubt and fear.

In *In Case Dawn Never Comes*, we find poems that know about injustice, "the crooked balance", as the author calls it. We find numerous phrases that beg for a new beginning, images that encompass and try to reassemble everyone, from the dismembered being that cries and waits: "A well is growing", to the one who shouts: "Are they locking *you* up? Where is justice?"; to that individual who proposes: "Let's learn to learn", and even to that other one who sings and dances: "A rainbow is already leading me to meet you."

Belkis M. Marte, through the seventy poems that make up this book, urges us to remember. She makes us relate to a cluster of feelings we carry deep inside. Just the same, she brings us back to the subtlety, already distant, that lies behind a daisy, left leafless by curiosity, to know if she's loved or not. Curiously, too, and despite the grief, there are always teachings, deals, promises and resolutions. That is to say, there is a life to live with high illusion.

Another important aspect is the deep feelings the author shows for her race, her culture, her parents and the land where she was born.

In the poem: *I am black*, she proudly states:

> "Black as the coal that cooks your delicacies.
> Black, my curly hair screams it to the wind."

The poet values life, gives herself completely, falls, but stands back up, speaks, is silent, cries, laughs, shudders without remedy... yet above all things, she gets ready: in case dawn never comes.

Gisela Vives
Writer

POR SI NO AMANECE

IN CASE DAWN NEVER COMES

Rehúsate

Mujer,
impúlsate a ser.

La integridad es tesoro escondido.

No seas mariposa
que por entrar en la luz
se hunde en las llamas.

Grandes amores te aclaman.

Al amar, creas.

No permitas que la sombra
oculte el sol que nace en tu mirada.

Refuse

Woman,
push yourself.
Become who you want to be.

Integrity is the hidden treasure.

Don't be the butterfly
that plunges into the flames
in pursuit of the twinkling light.

Great loves await you.

Through love, you create life.

Don't let a shadow hide the sun that
rises in your eyes.

Yo soy negra

Yo soy negra,
negra como mi bisabuela
madre de mi abuela,
madre de mi madre,
que tiene ojos verdes
y me parió a mí.

Soy negra,
completa no mitad,
la música no desgarra, une,
por eso soy negra como los tambores,
los güiros y la mujer sin rostro de mi tierra.
¿Cómo ponerle rostro si viene de todos lados?

Soy negra,
ojos *jabao* como la almendra,
nariz ancha herencia de papá,
útil tras los aromas de la bondad y el amor.

Soy negra
como piedra de río,
que toca la güira con vaivén de caderas.
Negra como el carbón que cuece tus manjares.
Mi pelo enmarañado lo grita al viento.

Llevo el color de la paila,
del fogón de mis ancestros.

Negra y no lo oculto
lo llevo untado en mi cuerpo.
Negra alegre como canto del conuco
que alimentó nuestra juventud.

Yo soy negra.
Negra, negra.

I am black

I'm black.
Black like my great-grandmother
mother of my grandmother,
mother of my mother,
who has green eyes
and gave birth to me.

I am black,
full black, not half.
Music does not divide, it unites.
So I'm black like the drums,
like the güiras and the faceless women of my land.
What singular face could we put on them
if they come from everywhere?

I'm black,
with cinnamon eyes
and a wide nose (dad's heritage)
useful to track down the aromas of
goodness and love.

I am black,
like a stone in a river,
and I play the güira with swaying hips.
Black as the coal that cooks your delicacies.

IN CASE DAWN NEVER COMES

Black, my curled hair screams it to the wind.

I wear the color of the pan
and the wood stove of my ancestors.

Black, and I'll never hide it.
I have it smeared all over my body.
This cheerful black
like the song in the conuco
that fed our youth.

I'm black.
Black, black.

La voz de mi ventana

El cielo cierne húmedos cristales sobre la ciudad.
El viento mueve con suavidad
la copa de un árbol de pelo blanco
florecido de una extraña y triste primavera.

Esta llovizna es llanto frío
que incendia mis pupilas insomnes.

Carros estacionados sin intención de libertad.
Calles vacías. Aquella chimenea parece ahogarse.
Edificios de chocolate cuyas ventanas
pestañean con luces que palpitan, parecen respirar
tormento.
Les asusta este aire frío que viola sus rendijas.
Escucho el latir de corazones que desean ser libres.
Perros arañando puertas.
Un parque sueña risas infantiles.
Las cortinas se escapan para tomar aliento.
Una sombrilla morada deambula por la acera,
derrama lágrimas y ausencia.

Pasa el tren, como siempre,
repleto de espacio, de ruido,
de hierro mohoso.

Ausente de vida, lleno de pandemia.

The voice from my window

The sky hangs wet glass over the city.
Gently, the wind moves the crown of
a tree with white hair
flowered up from a strange and sad spring.

This drizzle is made of cold tears
that set my sleepless pupils on fire.

Cars parked with no intention of freedom.
Empty streets. That chimney seems to be
drowning. Chocolate buildings, whose windows
blink with pulsing lights, seem to breathe torment.
This cold air passing through their
cracks frightens them.
I hear the beating of hearts that want to be free.
Dogs scratching at doors.
A park dreams of children's laughter.
Curtains escape to catch their breath.
A purple umbrella roams the sidewalk,
sheds tears and absence.

The train passes,
noisy as always,
full of empty seats and rusty iron.

Absent from life, full of pandemic.

Percatándome

El sonido de los pájaros es música de fondo.
El canto del gallo me saca de las nubes.
El brillo de la lámpara regresa la silueta del perro
de mi abuelo a la pared (tierna añoranza).

La sombra de mi lápiz da ideas a mis letras.
El ruido del silencio me saca de mi centro
llevándome a la sombra de aquel árbol,
al rojo de sus ramas.

Mientras, todo lo absorbo, todo

La magia del instante levita en mis pupilas.
Sensación de leche tibia en mi pecho:
he atrapado la melodía del momento en estos
versos.

Noticing

The sound of the birds is background music.
The rooster's crow brings me back from the clouds.
The glow of the lamp evokes the shape of my
grandfather's dog on the wall (tender longing).

The shadow of my pencil gives ideas to my letters.
The noise of silence shakes me out of focus,
pushing me softly to the shade of that tree,
to the redness of its branches.

Meanwhile, I take everything in, everything

The magic of now levitates in my pupils.
Sensation of warm milk on my breast:
I have caught the melody of the moment in
these verses.

El saber

Cae una gota de rocío en tierra fértil.
Deseos de aprender caen sobre ella.
Más gotas, una sobre otra,
y se forma un pozo de ansias.

Siguen cayendo las gotas.
Son ya un arroyo.
Corre hacia un río que se ensancha y suena.

Más gotas, más gotas

Se ancha el río,
apremia cada vez más la lluvia.

Los truenos asustan, pero sigues.
Las letras son tu guía.

Absorbes, te nutres, creces

Gotas, muchas gotas,
te muestran el mundo
amplio y claro.

Llegaste a la mar.

Knowing

A drop of dew falls on fertile ground.
The desire of learning falls on it.
More drops, one upon the other,
and a well of cravings takes shape.

The drops keep falling.
They're already a stream,
flowing into a broad and sonorous river.

More drops, more drops

The river widens,
the rain presses on.

Thunders scare you but you go on
for the letters are your shepherd.

You absorb, you nourish yourself, you grow

Drops, many drops,
show you the world
ample and clear.

You've reached the sea.

La palabra

Gran potencial posee la palabra.
Te hace flotar en un segundo
y en el próximo
te estrella contra el piso, la pared o el ego.

Se corta al interrumpirse.
Dejarla en la boca es mala educación,
pero si la quitas es mucho peor.

¿Quién la entiende?

No hay nada que pese más que ella.
Dice mucho en una sola.
Hasta cuando no se usa, dice.

No tiene edad
pero hay palabras mayores
que a veces hay que medir.
A veces te presiona.
Es lo único que tienes y siempre la estás dando.

Las necias vuelven los oídos sordos.
No se cuecen pero hay palabras tiernas
y palabras crudas.

La palabra es clave,

a veces cruzada
a veces divina
La palabra es fuerte
pero se rompe con nada.
Si la rompes, trata de que no sea una promesa.

A veces hace falta para expresar sentimientos:
es metamórfica,
elogia, miente, culpa, insulta…

salva

Dice mucho sin hablar,
tómala de donde viene.

A veces se traba al salir.
Otras veces se las lleva el viento.
Unos pierden su uso,
otros tienen el don de usarlas.
Algunos pecan de ella.

No es tráfico pero hay gente que la dirige.
Unas se forman en juegos.
Algunos hombres claman ser suyos.
Unos se aprovechan de ella.
Unos la tienen, otros la piden.
Algunos la toman. A unos les falta.

Todos siempre quieren la última,
pero hoy me toca a mí:
me apropio de la última palabra.

Words

A word's potential is endless.
It can make you soar in just a second
but the next, it pushes you into a wall,
down to the floor or against your own ego.

Words are cut short when interrupted.
Leaving it in one's mouth is rude
but taking it from others is much worse.

Who can really understand it?

Nothing weighs more.
A single one can say so much.
Even when not used, it means something.

Words have no ranks but some are major,
and these, one should choose with care.
Sometimes your word puts pressure on you.
It's the only thing you have
but you're always giving it away.

The foolish ones turn ears deaf.
A word can't be cooked yet there are tender
and raw ones.

The word is key.

Sometimes crossed
sometimes divine
Your word may be strong
but it also takes little to break it.
And If you do break it,
make sure it isn't a promise.

Sometimes we're at a loss for it to express our
feelings. Words are polymorphic:
they praise, lie, blame, insult... and save.

A word can't speak by itself
but it still says enough.
Keep in mind where it comes from.
Sometimes a word gets stuck in our throats.
Other times the wind blows it away.
Some people lose their ability to use it.
Others are gifted at using it.
Some sin with it.

It is not traffic, the word,
but there are people who direct it.
Some words are formed in games.
Some men claim to belong to words.
Some take advantage of it.
Some have it, others ask for it.
Some take it.
Some run out of it.

Everyone always wants the last one
but today, it's my turn: I own the last word.

Destino

Su alma huele a luto.
Llueve constante sobre su mar.
El llanto y la tristeza la devoran.

Letras levitan frente a ella
zurciendo sus ganas de vivir

La inspiran

Versos retoñan de un poema casi muerto
y su destino gira.

Despierta mujer, escribe, vive.

Fate

Her soul has the scent of mourning.
Over her sea, constant rain.
Weeping and sorrow devour her.

There are letters hovering before her,
mending her will to live.

Words inspire her

Verses are reborn from an agonizing poem
and her fate spins.

Wake up, woman, write, live.

Hay esperanza

Hay esperanza,
la vida no termina cuando mueres.

Se cierra un ciclo.
Se apagan los ojos.
Llueve sal.

Por un momento
el sufrir se adueña,
el reloj se encarga
pero el olvido nos rescata de las garras del dolor.

Hay esperanza.

El horizonte sonríe
El corazón se calma
Descansan los recuerdos

La experiencia, al día

Piensa: la piedra en el camino forma parte del reto.

There is hope

There is hope.
Life doesn't end when you die.

A cycle is closed,
eyes go out, like flame.
It rains salt.

For a moment
suffering takes over,
the clock takes charge
but oblivion rescues us from the clutches of pain.

There is hope.

The horizon smiles
The heart quiets down
The memories rest

The experience: up to date

Think: the stones in your way are
also part of the journey.

Mayo sigue pasando

En esta etapa de mi vida
donde las ovejas
no son suficientes para atrapar mis sueños
y las noches me despiertan bañada en olas soleadas
del mar Caribe
(recordándome que mayo ha pasado ya muchas
veces), los sueños siguen surgiendo.

Las letras siguen persiguiendo mi pluma,
obligándola a marcar con tinta mis desvelos.
En esta etapa de mi vida,
la ansiedad anuda mi garganta
rociándome con ráfagas de verano.
Las estrellas titilan sobre mis greñas
haciendo florecer ardientes rosas sobre mis brazas.
Todavía germinan ganas de resurgir
de entre los brotes de recuerdos amargos.
Es que ya mayo ha pasado muchas veces.

En esta etapa de mi vida
la brisa es débil,
el cielo azul claro fresco,
el sol quema mis entrañas.

¿Qué carajos espero para complacerme
si ya mayo ha pasado tantas veces?

May keeps running its course

In this stage of my life
where counting sheep
is not enough to catch my sleep
and nights find me awake and
bathed in sunny waves of the Caribbean Sea
(reminding me that May has already passed many
times), dreams keep arising.

Letters keep chasing my pen
forcing it to mark my sleepless nights with ink.
In this stage of my life,
anxiety's a knot in my throat
spraying me with gusts of summer.
The stars twinkle over my curly hair
making fiery roses bloom on my embers.
The desire to resurface from the buds
of bitter memories still germinates.
It's just that May has run its course
already many times before.

In this stage of my life the breeze is weak,
the sky's cool clear blue, the sun burns *me* inside.

What on earth am I waiting to please myself
if May has already come and gone many times?

Sonajero

Sonajero,
que bates el viento entre tus patas,
vuelve estrellas el aire que respiro
esparciendo hermosas melodías

sonoras

como tú.

Al acecho

Esa mariposa
es un beso mío
que espera para
posarse en tus labios.

Encuéntrame

Si entras a mi mundo
me encontrarás cubierta de páginas.
Te invito a ojear mi corazón
y a escribir versos en él con tus encantos.

Rattle

Rattle,
that beats the wind between your arms,
turn the air I breathe into stars
by spreading beautiful melodies

soundful

true to yourself.

Lurking

That butterfly
is one of my kisses
waiting to settle
on your lips.

Find me

If you enter my world
you'll find me covered with pages.
I invite you to leaf through my heart
and write verses on it with your charms.

Tramposa ilusión

Qué tramposa la ilusión,
se atraviesa con disfraz de amor abandonado.

Vuela por los corazones,
sin destino, libre, atrevida.
Se posa en decepciones y tristezas.
Trae calma.

Te reanima con un plan de tentaciones
despertando rosas muertas de un jardín
que ya no sueña.
Hila dudas e ilusiones.

Estornudo infiel y repentino,
soplo inesperado,
brisa que ahuyenta sin saberlo el deseo de volar
de una hoja en su último otoño.

¿Cómo se cercena una ilusión
que empieza a germinar?

Tricky illusion

How tricky illusion is.
It crosses our path disguised as abandoned love.

It flies through hearts
without destiny, free, daring;
lands on disappointments and sadness;
brings calm.

It cheers you up with a plan of temptations
waking up dead roses from a garden
that no longer dreams.
It spins doubts and fantasy.

Unfaithful and sudden sneeze,
unexpected strong wind,
breeze that unknowingly drives away
the desire to fly
of a leaf in its last fall.

How does one cut off an illusion
that just begins to sprout?

Por si no amanece

Déjame amarte esta noche
por si no amanece.

Aclara mi oscuridad.
¿Por qué esperar lo incierto?
Sedúceme ya, bajo la luna.

Alcánzame la gloria perdida en la costumbre.
Bórrame la soledad…
por si no amanece.

In case dawn never comes

Let me love you tonight
in case dawn never comes.

Brighten my darkness.
Why wait for the uncertain?
Seduce me now under the moon.

Bring me to the glory lost in routines.
Erase my loneliness...
in case dawn never comes.

Tu pijama

Imaginar tu lecho agita mi pensamiento.
Lo sueño perfecto y cálido,
tu almohada se acomoda en mis sentidos:
musculosa, sensible, palpitante bajo mi cara

Tu pijama, suave, tibia,
azul claro, día de playa
Quiero esconderme inadvertida,
confundirme en el tejido
y fundirme en tu piel vibrante.

Meterme en tu pijama,
pero contigo dentro.

In your pajamas

Imagining your bed agitates my thoughts.
I dream it perfect and warm.
Your pillow accommodates on my senses:
muscular, sensitive, throbbing under my face.

Your pajamas, soft, warm,
light blue, beach day.
I want to go unnoticed
blend in with the smooth threads
and rub against your vibrant skin

I want to get in your pajamas…
with you inside.

Anhelo

Eres rayo de sol sobre el glaciar de mi soledad,
tibieza que evapora escarchas de mil penas.

Empápame de tu esencia,
corriente torrencial que emana de esos
labios, que enloquecen con cada pincelada

Para mi alma adolorida es un elixir tu boca.
Exquisitez es resbalar en la humedad
de tu corriente.

Yearning

You are a ray of sunshine over the glacier of
my loneliness,
warmth that evaporates the frosts of a thousand
sorrows.

Soak me in your essence,
torrential current emanating from lips
that lose sanity with each brushstroke.

For my aching soul, your mouth is an elixir.
Exquisiteness is slipping down the moisture
of your stream.

Me encantan tus encantos

El contornear de tu cuerpo
al recorrer mi figura me enloquece:
envuelve mi aliento en versos.

Me gusta besar tus labios
cuando galopas conmigo.
Más, me gusta el resultado
cuando termino en la luna.

Cuánto me encantan tus besos
cuando se salen del sueño;
y si tomas mi cintura,
viendo directo a mis ojos,
me derrito en tu ternura.

Me levanto con un vuelo
cuando tus labios me encienden.
No deseo más que aterrizar en tus redes.

Charmed by your charming ways

The contour of your body
trekking on my skin drives me crazy:
it wraps my breath in verse.

I like to kiss your lips
when you gallop with me.
Even more, I like how it ends
when I end up in the moon.

How I love your kisses
when they trespass outside the dream;
and if you take my waist,
looking straight into my eyes,
I melt in your tenderness.

I wake up in mid-flight
when your lips turn me on,
and want nothing but to land in your arms.

Candela

Tu presencia me asaltó,
chispa de luz desprendida de un deseo.

Pensamiento que sopla silencioso
ruego lejano, agua fresca

Eres chispa tenue.
La suerte te acompaña.
Aprovechas cada memoria que trae el viento:
la añoranza, la tristeza, las ganas…

Rompes el capullo.
Te inflamas libre con la brisa.
Vas fugaz hasta mi pecho
y ardes más mientras te inspiro.

Tú envuelves cálido mi mundo,
Ya flor, me inundas a gritos con tu aroma.

La pequeña llama que antes ardía,
hoy me abraza.

Eres la hoguera de mi vida.
Me consumes, me atrapas, me desvelas.

Eres de mi mundo la candela.

Flame

Your presence startled me,
spark of light born of desire.

Silent-blowing thought
Far-away prayer, fresh water

You are a dim spark.
Fortune is with you.
You take advantage of every
memory the wind brings:
longing, sadness, passion…

You break the cocoon, burn free with the wind.
Fleetingly, you climb up to my bosom
and burn hotter as I breathe you in.

You wrap around my world with your warmth.
You're a flower,
your scent screams at me until I overflow.

The little flame that burned before
hugs me today.
You are the bonfire of my life.
You consume me, embrace me, keep me awake.

You are, of my world, the flame.

Cuando te ocupo, me encanta

Me encanta cuando te ocupo.
Me haces tuya en un suspiro.
Deshojas tu piel canela
sobre mis curvas dormidas
volviéndolas tibias y dulces
al contacto con tu abrigo.

Me encanta mirar tus ojos.
Acechan atrevidos.
Se le escapan las estrellas.
Me descubren toda.

Me emociona tu sonrisa
con tu boquita entreabierta,
mirando mis labios rojos
que se mueren por besarte.

¡Cuánto me encanta tu risa!
Tan nerviosa al divisarme,
me provoca como loca
cada vez más ocuparte.

Me encanta cuando te ocupo.
Pasa el tiempo sin sentirlo
Ocuparte, me deleita
¡Cuánto disfruto ocuparte!

I love it when I'm with you

I love it when I'm with you.
You make me yours with a sigh.
You shed your cinnamon skin
over my sleeping curves
turning them warm and sweet
at the touch of your embrace.

I love looking in your eyes.
They stalk daringly.
Stars glide out of them.
They discover me whole.

Your smile moves me.
Your small mouth ajar,
you stare at my red lips,
dying to kiss you.

Oh how I love your laughter!
So nervous when you look at me
I go crazy wishing we could always be.

I love it when I'm with you.
Time passes but we don't notice it.
Taking care of you delights me.
I just love it when I'm with you!

Ruego

Bésame la voz.
Acaricia mis letras con
la misma pasión con que se crean.
Roza mis poemas.
Embriágate de mi historia.
Soy verso que te clama,
soneto que te toca.
Acostúmbrate, amor,
a surgir en mis canciones.
Sé candil de mis ideas,
no permitas que se oculten
de su vuelo.
Rocío que derrama mariposas
Escóltame a volar
en versos, poemas, libretas,
ven conmigo a construir nuestra historia.

A plea

Kiss my voice.
Caress my letters with
the same passion I create them.
Rub against my poems.
Get drunk on my story.
I am a verse crying out to you,
a sonnet that touches you.
Get used, my love, to emerging in my songs.
Be the oil lamp of my ideas,
don't let them shy away from their own flight.
You're dew that spills butterflies.
Escort me to fly in verses, poems, notebooks…
Come with me to write our story.

Llueve

Llueve.
El cielo se derrama
como aquella noche inolvidable
de aguacero impetuoso
cuando tus manos
palpaban mis pétalos,
uno a uno; sus contornos
atizaban lentamente el deseo.

Llueve.
Disfruto el aroma a tierra mojada
que arrulla nuestros cuerpos con placer.

Mi cuerpo despierta con tu roce.
Se humedece, se satura, se desborda
sobre mis hojas trémulas.
Te abrazo.
Descansan nuestros cuerpos y arrulla el viento.

Ternura que amenaza más lluvia,
las flores resplandecen con tus gotas
enamoradas.
Los pájaros cantan con pasión desenfrenada.
Anidan vida.

It's raining

It's raining.
The sky's cascading,
emulating that other unforgettable night
of impetuous downpour
when your hands touched my petals,
one by one;
their contours slowly stoked my desire.

It's raining.
I enjoy the aroma of the wet earth
that lulls our bodies to welcome pleasure.

My body awakens with your touch.
It gets wet, saturates itself, overflows over
my trembling leaves.
I hug you. Our bodies rest
and the wind chants.

Tenderness that promises more rain,
the flowers shine with your drops
of love.
The birds sing with unbridled passion.
They nest life.

Te propongo

Aprendamos
hasta que seamos cómplices,
hasta que tu noche se confunda con la mía
y sean luz las estrellas de un gran destino,
te propongo.

Aprendamos, como la luna,
a rozar mis sueños
y mis sueños a dejarse quemar
por la llama de tu aliento.

Aprendamos hasta que mi pincelada
se convierta en tu desvelo
y mi mirada te descifre.

Aprendamos a ser río
que corre a los brazos de la mar.

Sé ese mar.

Seamos mar y río.

Aprendamos a aprendernos.
Te propongo guardarnos en un cofre para dos.

My proposal

Let's learn together
until we become accomplices,
until your night is confused with mine
and the stars light our way to a great destiny,
I propose.

Let's learn, like the moon,
to graze my dreams
and my dreams to be burned
by the flame of your breath.

Let's learn until my brushstroke
becomes your wakefulness
and my gaze deciphers you.

Let's learn to be river
flowing to the arms of the sea.

Be that sea.

Let's be sea and river.

Let's learn to *learn* one another.

I propose to keep ourselves safe in
a chest for two.

Aniversario

Sin planearlo,
septiembre vio nuestro comienzo.

Empezó saltando como grillos,
entre un jardín de letras
que formaban frases hermosas, tiernas.
Rozó mis inquietos sentimientos.

Sonrisas, miradas, piropos
Ternura que punzó mi fingida inocencia.
Un beso rosado pinto mis pómulos
con pétalos suaves: hoguera de mis ganas.

La miel de mis ojos dijo más de lo planeado.
Te miraron largo, inmerso en los tuyos,
embriagándose de tu amplia sonrisa.
Floreció en mí, nerviosa, la niña

Mi corazón aplaudía.
Su tamborileo daba
ritmo y calor a mi blusa,
justo allí, en el lado izquierdo,
donde un retorno en flor
sin pedir permiso brotaba.

Y fue creciendo lentamente.

Anniversary

Unplanned,
September saw our beginning.

It started out jumping like crickets
among a garden of letters
that formed beautiful tender phrases.
It brushed away my uneasy feelings.

Smiles, looks, compliments,
tenderness that stabbed my feigned innocence.
A pink kiss painted my cheekbones
with soft petals: bonfire of my desire.

The honey in my eyes said more than planned.
My eyes stared at you long enough,
immersed in yours,
drunk on your kind smile;
and my childish nervousness showed.

My heart applauded,
its drumming granted my blouse rhythm and heat,
right there on the left side,
where a returning bloom,
without asking permission, sprouted.

And, slowly, it grew.

Espérame

La luz desaparece muchas veces
pero regresa todo el tiempo
a danzar en mis pupilas.

Es ilusión de mi ser encontrarme con
tu hechizo en el brillo de una noche.

Las olas se alejan como siempre
sin intención de regreso.
La espuma teje medias en mis pies.

Se arrima la alborada pero no llegas.

Cada vez que no te encuentro
aún confío en tu regreso,
como vuelve a mí el perfume
de la rosa ya dormida.

Volverás,
verdor que se aleja en invierno
y regresa en primavera.
Un arcoíris me encamina ya
a tu encuentro.

Wait for me

Light disappears many times
but every time returns to dance in my pupils.

It's a wishful fantasy of mine to find
myself with your charm in the glow of a night.

Waves drift away, as always,
with no intention of a return.
Sea foam weaves stockings on my feet.

Dawn is close but you're not here.

Whenever I can't find you
I still trust you'll come,
the way the perfume of the rose, already asleep,
always comes back to me.

You will find your way back,
for receding Winter green comes again in Spring.
A rainbow's already leading my way to meet you.

I'll wait for you.

Balanza torcida

El poder es un pájaro en vuelo.
También su trinar vuela
por encima del mundo,
hermoso cisne,
a veces
tórtola tuerta.

Misterios indignos, intolerables,
entrelazan vuelo y placer;
despedazan con sus garras las verdades.

¿Ala sedosa o pluma de clavo?

Extiende sus deseos para perseguir sueños
por los rincones del mundo.
Los derriba, los ata.

Poder de alas anchas
cuyos gritos de cañón
siempre aplastan el lado bajo
de la balanza.

Crooked scale

Power is a bird in flight.
Its chirp flies, too,
over the world,
beautiful swan,
sometimes
one-eyed turtledove.

Unworthy and intolerable mysteries
intertwine flight and pleasure.
They shatter truths with their claws.

Silky wing or iron-like feather?

It spreads its wishes to chase after dreams
through the corners of the world;
knocks them down, ties them up.

Wide-winged power
whose cannon-like screams always smash
the lighter side on the scale.

Te fuiste

El aire con sus brazos rotos
refleja tu ausencia.
La llovizna, gris, acompaña el vacío de ti.

Tu recuerdo inquieta
el terciopelo de mis labios.

En la acera se asienta el rocío
a esperar novedades.
Va creciendo un pozo, alterando el deseo de sentir.
Se riega en mar de esperanza
y humedece mis pies.

El viento abruma
los contornos de la espera,
serpenteando entre sus sueños

La brisa mojada
me regala un beso,
acaricia mi cara,
deshoja en mi mejilla una flor.

La emoción me observa
rasgando una lágrima.

El sol baila en mis ojos la danza del adiós.

You left

Air with its broken arms
reflects your absence.
The drizzle, gray,
accompanies the emptiness of you.

Your remembrance brings my
velvety lips to a state of unrest.

On the sidewalk,
dew settles to wait for news.
It forms a growing well,
alters the desire to feel,
spreads wide in a sea of hope
and moistens my feet.

The wind overwhelms the contours of waiting,
meandering among dreams.

The wet breeze gifts me a kiss,
caresses my face,
strips a flower on my cheek.

Emotion watches me as I rip a tear.

The sun dances in my eyes the dance of goodbye.

Costilla

No quiero.
No me obligues.

Empujones, maltratos,
dominio, sonrisas,
pecado,

¡Gritos!

"Yo soy hombre. Tú, costilla".

¡Lo canta orgulloso el libro
más importante del mundo!

Costilla Costilla Costilla

Una sonrisa maligna sale de un rostro,
golpea una flor con un rayo que grita.
Traspasa el umbral, corta con coraje,
con todo y espinas la flor.

Sus hojas tiemblan.

Suena a placer manchado de ruegos,
astillas desgarran pétalos.

Costilla, costilla, costilla

Llueve el alma.

Despierta mariposa,
abre tus ojos.
Es tan sangre ahora tu mano.

Llevas alas de libertad.

¿Te encierran?
¿Dónde está la justicia?

Costilla, costilla, costilla

Rib

I don't want to.
Don't force me.

Shoves, mistreatment,
dominance, smiles,
sin,

Screams!

"I'm a man. You're a rib."

The most important book in
the world proudly insists!

Rib Rib Rib

An evil smile takes shape on a face.
He strikes a flower with a lethal scream.
He crosses the threshold, cuts with rage,
thorns and all, the flower.

Its leaves are trembling.

It sounds like pleasure smeared with pleas.
Splinters tear petals apart.

Rib Rib Rib

The soul rains.
Wake up, butterfly.
Open your eyes.
You have blood in your hands now.

There're wings of freedom on you.

Are they locking *you* up?
Where does justice lie?

Rib Rib Rib

Desesperanza

Me encierro en una tarde que roba mi esperanza.
Se queda con las olas que brotan de la mar.
Desgarra la corteza del árbol que me cubre
y baja las cortinas de la felicidad.

Camino calle abajo pensando en no encontrarte.
Pensando que tal vez tu sombra ya se oculta
tras paredes sin anhelo y palabras que callan.

Te ausentas de la noche, perfume de las flores.
Avientas tu discordia a un arroyo infernal
que te seca las lágrimas gritando libertad.

Hopelessness

I lock myself in an afternoon that steals my hope.
It comes along with the waves from the sea
to tear down the bark of the tree that covers me;
and shuts closed the curtains of happiness.

I walk down the street thinking of not finding you.
Thinking that maybe your shadow is already hidden
behind walls without desire and words that remain silent.

You are absent from the night, perfume of flowers,
and cast your discord into a hellish stream that
dries your tears while screaming freedom.

Añoranza

La ventana dibuja la noche con su pincel de brisa.
Respira estrellas que se adhieren
a su oscuro lienzo.
El rocío se escurre entre las páginas del destino;
y, frío, penetra el viento en la entraña del universo,
que me ataca desplegando
ante mis ojos el pasado.

No entiendo las razones.
¿En virtud de qué se alarga tanto el recuerdo?
¿Por qué parece infinito si su valor se esfuma
como savia en rama seca?

La nostalgia es trampa
que atraviesa los sentidos.
Se oculta en los aromas, en los roces,
en los rincones del recuerdo.

Tiene mañas la nostalgia.
Espíritu en reposo
que despierta con la alegría de una sonrisa,
la sazón de una lágrima,
el brillo de una mirada,
o la danza remolino de una hoja.

Es un renacer que asoma con la respiración honda
de una rosa prensada en un libro.

La nota azul de un saxofón
estremece la añoranza.
El trago agridulce del vino
besa los labios erizando tu garganta
mientras desfila frente a ti el ayer.

Despejemos los recuerdos.

Tal vez descansen en paz
y dejen de doler tanto.

Longing

The window sketches the night with
its windy brush.
It inhales stars that cling to its dark canvas.
Dew drips through the pages of fate;
and, cold, the wind penetrates the bowels of
the universe,
that attacks me by unfolding,
before my eyes, the past.

I don't understand the reasons.
By what virtue is memory so long?
(As oblivion is long) Why does it seem infinite
if its value vanishes like sap on a dried-up branch?

Nostalgia is a trap
that traverses the senses,
hides behind aromas,
in unexpected skin-brushings,
in the corners of memory.

Nostalgia has tricks.
It's a spirit at rest
that wakes up with the joy of a smile,
the seasoning of a tear,
the brightness of a look,
or the swirling dance of a leaf.

It is a rebirth that takes place with the deep breath
of a rose pressed inside a book.

The blue note of a saxophone
makes longing shudder.
The bittersweet sip of wine kisses your lips
and bristles your throat
as yesterday parades before you.

Let's clear out the memories.

They might just rest in peace
and stop hurting so much.

Dos pesos de mentiras

La ventana abierta me ofrece
un mundo gris.
El cielo llora lágrimas secas
y fantasmas que flotan con desespero
buscan dónde posarse.

El teclado me invita
a un poema.
Abro un libro y
una foto sale sin avisar.
Se dirige hacia el piso,
zigzagueando.
Aterriza sobre mis pies desnudos.
Está herida al dorso por una flecha
que recita promesas falsas
de un amor que sería eterno.

"Te encontré. Me encontraste.
Nos encontramos y nos amamos".

Decía en sangre, que caía
sobre un corazón ingenuo.

La foto está prensada entre una historia
y dos pesos embarrados de mentiras.
La nostalgia viene a humedecer mis ojos.

IN CASE DAWN NEVER COMES

Derrite los fantasmas,
remueve mis tibios sueños.

Una lágrima se asoma
revelando la libertad que creía lejos.

Un nuevo brote de enseñanzas
se forma junto a la nieve seca
que se adhiere a la ventana.

Busca calentarse y desaparecer
como este sentimiento
prensado entre la mentira y dos pesos,
que se caen, liberando la foto.

Two pesos[1] of lies

The open window offers me a gray world.
Heaven cries dry tears
While ghosts float in despair
looking for a place to perch.

The keyboard is
an invitation to writing a poem.
I open a book and, no warning,
outward a photo leaps.
On its way to the floor, it zigzags,
lands on my bare feet.
An arrow wound on its back recites false
promises of a love meant to be eternal.

I found you. You found me.
We met and now love each other.

This was written in blood
falling onto a naive heart.

The photo is pressed between a story
and two pesos soiled with lies.
Nostalgia has come to moisten my eyes.

---

[1] **Peso** (Dominican peso) is the currency in the Dominican Republic.

It melts the ghosts, stirs my lukewarm dreams.

But a tear lurks,
revealing the freedom I thought distant.

A new outbreak of teachings takes shape
by the dry snow sticking to the window.

It seeks to warm up and disappear,
like this feeling pressed between the lie
and the two pesos,
that sometimes get loose,
and lets the photo free.

Noviembre

La ingratitud de noviembre
me hace daño.
Entra sutil, como sombra,
acechando.

Trae promesas,
aires de alegría,
engaño...

Luego parte con el viento
dejando fiestas, regalos,
árboles que brillan.

Mas, detrás de algunas puertas,
lágrimas
soledad
partidas

Aquí estás, ya casi en el adiós.
¿Que te llevaras ahora envuelto en tu armonía?

November

November's ingratitude hurts me.
It appears subtly, just a shadow, lurking.

It brings promises,
winds of joy,
deception…

It departs then with the breeze,
leaving parties behind, gifts, trees full of light.

Yet, behind some doors:

tears
loneliness
leave-takings

Here you are still.
Almost time for goodbye.

What will you take now wrapped in
your apparent peace?

Pétalos muertos

"Me quiere. No me quiere",
repite mientras deshoja su falta de detalles.
Rosas negras: desmayados pétalos caen
al suelo cual cristales rotos.

"Me quiere. No me quiere",
repite, tratando de mentirse.
La realidad se hinca en su pecho.
No hay remedio.

Creo que no me quiere,
dice su mente. *No me quiere.*

Dudas adornan su rostro.
Vuela triste el amor.
¿Dónde ha de posarse?

Fue roja un día la flor.
Color de corazones,
como sus labios.

"Me quiere. No me quiere",
repite.

No me quiere.
Soy libre.

Dead petals

"He loves me. He loves me not."
She repeats as she recalls his lack of attention.
Black roses: fainted petals fall to the ground
like broken glass.

"He loves me. He loves me not."
She repeats, willing to lie to herself.
Reality stabs her in the chest.
There is no remedy.

I think he doesn't love me,
says her mind. *He loves me not.*

Doubts as masks.
Love is free to fly.

Where will it descend?

The flower was red once.
The color of hearts, as were her lips.

"He loves me. He loves me not."
She repeats.

Loves me not.
I'm free.

Me voy

Me voy
en mis labios la sal del mar caribe.
Caribe y terco como las ganas de quedarme.
Salino y sabroso como el agua que bañó mi cuerpo
cuando enterré mis pies en tus entrañas.

Me voy
el pecho apretado de ternura,
mi cuerpo rodeado de abrazos,
los hombros cargados de promesas,
los labios besados por la brisa de tu tibio aliento.

Me voy, dejándote mi todo,
vacía de las letras que te di.

Me llevo repleta la memoria.

Me voy y no siento pena,
más bien la felicidad me pertenece.
Satisfecha de que en un aletear de colibrí
haya llenado tantos corazones y aminorado
tristezas.
Mi equipaje es un cuaderno de risas.
Mi corazón se queda.

Mi tierra palpita en mi memoria, hasta que vuelva
en el recuerdo de los campos,
playas y el verdor de tu frescura

La prisa y el estruendo de este pájaro de metal
perturban la palabra en la yema de mis dedos
interrumpiendo el hasta luego.

Te veré en las letras de una historia,
en un poema, bajo el brillo de tu risa.

I'm Leaving

I'm leaving
the salt of the Caribbean sea on my lips.
Caribbean and stubborn like my desire to stay.
Saline and tasty like the water that bathed my body
when I buried my feet in your sands.

I'm leaving
my chest tight with tenderness,
my body surrounded by hugs,
shoulders burdened by promises,
my lips kissed by the breeze of your warm breath.

I'll go now, leaving you my everything,
empty of the letters I wrote for you.

Yet I carry a full memory.

I'm leaving and I feel no sadness,
rather a sort of joy.
I'm satisfied that,
in the time it takes the hummingbird to flap its wings,
I've filled so many hearts
and soothed some sorrows.
My luggage is a book aplenty with laughter.
My heart will stay.

You'll throb in my memory until I come back
in my recollections of the countryside,
the beaches and the green immensity of your fields.

The rush and roar of this metal bird disturb the word at my fingertips, interrupting this see-you-soon.

I'll find you in the words of a story,
in a poem, or under the glow of your laughter.

Madrugada

La madrugada oscura.
En mis sueños,
tu aliento corre por mi cuerpo.
Río en tierra árida.

Lo absorbo.
Trago cada gota.
Miel corre por el antes seco pozo.

Se humedece
se llena
se rebosa
se derrama

Me despierto y no estás...

Early Morning

Dark time just before dawn.
In my dreams,
your breath journeys atop my body.
River on arid ground.

I absorb it.
I swallow every drop.
Honey slithering down the once dry well.

It becomes moist
fills up
overflows
spills

I wake up.

You're not here.

Partir no es irse

Partir no es irse.
Es recoger la risa
desbordada,
sembrarla.

Partir es alejarse de momento
con una maleta de amor,
abrazos, y corazones que esperan.

Partir no es irse.
Es simple anhelo de *casi vuelvo,*
un *ya te extraño* atascado en un beso,
te quieros ilusionados.

Hoy me alejo,
mi pecho lleno de caritas que sonríen
frente a un papel rayado
con lápiz y amores de colores.
Salpicones de cariño y miradas.

Hasta entonces, tabulas rasas,
No se detengan.
Pronto continuaremos
trazando la esperanza,
el futuro,
la sonrisa.

Leaving is not departing

Leaving is not departing.
It's more like collecting
brimming laughter in order to sow it.

Leaving is going away, for the moment,
with a suitcase filled with love,
hugs and waiting hearts.

Leaving is not departing.
It's merely a longing of *I'm almost back,*
of an *I miss you already* stuck in a kiss,
and a hopeful *I love you.*

Today I walk away
—my chest full of tiny smiling faces
in front of a paper sketched
with pencil and colored with love,
splashed with affection and tender looks.

Until the time of my return, blank sheets,
Don't stop.

Soon we will continue
to build hope,
the future,
the smiles.

Otra vez la lluvia

Llueve,
roza un viento aguado
que hidrata los rostros.
La frescura de la brisa estremece.
Perfecto momento para abrazar.

Humedad en el pelo, ropa mojada,
humanos insensibles se protegen de ti.

Las gotas resbalan como perlas.

Pozos de agua,
tierra empapada:
un disfrute.

Pájaros felices,
flores inmersas en ti,
rastro de primavera.

Vibran los pétalos
con el caer de tus gotas.
Los árboles celebran felices
el placer de existir.

Cara fresca,
pelo intranquilo, hilos de cristal resbalan

y se aljiban en las manos con
agonía de hallar libertad,
toman fuerza al estirar los dedos,
caen

Susurran al contacto con la piel
deslizándose a la madre tierra.

Se esfuman.
Se transforman.

Árbol, rosal, vida

Lluvia…

Magia de la flor.

The rain once more

It's raining,
a water-filled wind touches the faces out there.
The coolness of the breeze is a slight shuddering
that makes this the perfect moment for a hug.

Drizzle in the hair, wet clothes,
callous humans protect themselves from you.

Drops slide down like pearls.

Water puddles,
muddy earth: a joy.

Happy birds,
flowers immersed in you,
Spring trail.

Petals vibrate with your falling drops.
Trees celebrate euphorically the pleasure of
existence.

Fresh face,
fidgety hair,
crystal threads glide
to settle down in hands with
an agony for freedom.

They well up together
and then, as the fingers stretch out,
spill through.

They whisper on contact with the skin
and slip down to mother earth.

They vanish.
They morph.

Tree, rose bush, life

Rain…

Magic of the flower.

Llévame al campo

Llévame al campo,
al poder de su entraña.
Llévame al sonido de sus aguas,
al cacarear de sus gallinas,
al ladrido del perro viralata
que olfateaba en la cocina de abuela.

Llévame contigo al campo,
a esa loma que derrama
manantiales, miel de sus encantos.

Afloran los recuerdos
y me hacen entender
las maravillas del mundo,
de los lugares por encima
y por debajo del mar.

Llévame al campo
a respirar la diferencia entre
la ciudad brillante y la sinceridad de la brisa
que ondea en la llanura.

Llévame a disfrutar
del jugo de la caña negra,
bailando al sonido de una
maraca de peonías.

Las verteré en el gas
de la lámpara para observarlas.
Pondré una flor de carolina en mi oreja.
Me confundiré con el sabor del campo:
Guineos, plátanos, rulos
tomates, puerros y berenjenas.

Llévame al campo,
que me abruma la simple idea de no volver.

Vida,
llévame al rocío de la mañana que
humedece mis sentidos.

Take me to the countryside

Take me to the countryside,
to the power of its depth.
Take me to the sound of its waters,
to the cackling of its chickens,
to the barking of the stray dog
sniffing around in grandma's kitchen.

Take me with you to the countryside,
to that hill overflowing with springs,
honey of its charms.

Memories bloom and make me understand
the wonders of the world,
from places both above and under the sea.

Take me to the countryside
to breathe in the difference between
the shiny city and the sincerity of the breeze
that flutters on the plain.

Take me to taste
the juice of the black cane,
dancing to a song by a maraca of peonies.
I'll pour them along the gas in the lamp
and fix my gaze on them.

I'll place a Carolina flower on my ear.
I will be mistaken for one of the countryside
flavors: Bananas, plantains, tomatoes, leeks and
eggplants.

Take me to the countryside,
for the simple thought of not
returning overwhelms me.

Life,
take me to the morning dew
that comforts my senses.

Regreso a casa

Una, dos, tres estrellas flotan sobre mí.
Cuatro, cinco, seis más
observan lo que digo y hago.
Las montañas quietas, una al lado de la otra,
Los árboles moviéndose a su antojo,
entrelazando ramas sin importar sus especies:
Mangos con aguacates
zapotes con palmas
plátanos con guineos
cacao con café
No discriminan.

Están aquí, donde estoy yo.
La noche, el campo y yo.
Todo es parte de la tierra,
parte de mí.
El río canta a lo lejos;
su sonido arrulla el entorno.

Yo no duermo, no sueño… vivo.
Me abraza el arrullo de los grillos.

Los sapos, ¿cantan o lloran?
Repiten su sinfonía,
encanto natural.

Ladridos lejanos se aproximan.
El campo canta a mi regreso,
coro de alegría.

La oscuridad instiga la luz de la lámpara:
bailan contra el techo.

El cielo invita a las estrellas,
Los árboles danzan,
Los sapos
¡Dios mío!
los sapos son los más alegres.

Un aguacate cae y es un aplauso:
He llegado a la cuna de mi infancia.

Homecoming

One, two, three stars float over me.
Four, five, six more,
they watch what I say and do.
The mountains stand still, side by side,
the trees move as they please,
intertwining branches regardless of their species:
Mangoes with avocados
sapotes with palms
bananas with plantains
cocoa with coffee…
They don't discriminate.

They are here where I am.
The night, the countryside and I.
Everything is part of the land,
part of me.
The river sings in the distance.
Its song lulls the surroundings.

I don't sleep, I don't dream… I live.

The cooing of the crickets embraces me.

Do the toads sing or cry?
They repeat their symphony with natural charm.
Far barks are coming.

The country sings upon my return: chorus of joy.

The darkness instigates the lamp:
they dance against the ceiling, shadow and light.

The sky is an invitation for the stars.
The trees are dancing now.

And the toads,
My God, the toads are the happiest of us all.

An avocado falls and it sounds like clapping:
I've come to the cradle of my childhood.

El verdadero valor de una madre

El valor de tu madre
no se puede medir por la cantidad
de besos que no te dio
ni por las sonrisas que hicieron falta.

No se puede medir
por los chancletazos que propagó
ni por las veces que corrió detrás tuyo
con la intención de castigarte.

El valor de una madre no se puede medir
por las veces que traicionó tu confianza
contándole a tu padre algunas de tus faltas.

No se puede medir con la justicia del niño
Los ojos de los niños
ven maldad en el cuidado.

El verdadero valor de mi madre
está en cada pañal que lavó con agua de lluvia,
con agua del río.

El verdadero valor de mi madre está
en sus años de soledad,
cuando mi padre, ya ángel, ya cielo ausente;
y ella adornada de cincuenta noviembres.

Mi madre guarda lágrimas tras la sombra.
Sus ojos imperturbables al norte.
Fortaleza de hierro, conformidad.
Y una sonrisa esconde el desvelo
y el llanto oculto entre carbones,
de un fogón que siempre arde.

Su poder es de leona, cañón en mano.
Su título de amor: hijos.

Ahora,
noventa y seis años yacen sobre su rostro marchito
y su poder florece sobre sus doce hijos.

A mother's true value

The value of your mother
cannot be measured by the amount
of kisses she failed to give you
nor by the missing smiles.
It cannot be measured
by the flip-flop spankings she mastered
on your arms
nor by the times she ran after you
with punitive intentions.

The value of a mother cannot be measured
by the times she betrayed your trust
by telling your father what you'd done.

It cannot be measured by the justice of a child.
A child's eyes can only see restriction
in acts of care.

My mother's true value is in every diaper she
hand-washed with rainwater, with water
from the river.

The true value of my mother is in her years of
loneliness when my father had been called away to
become an angel, to be absent heaven;

IN CASE DAWN NEVER COMES

and she was left alone with the marks of fifty
Novembers.
She keeps tears hidden behind her shadow.
Her imperturbable eyes are fixed on the future.
She's an iron fortress, and she's conformity.
Her smile conceals sleepless nights
and tears among the coals of
a stove always burning.

She has the strength of a lioness.
Her guard always up.
She understands love by another title: children.

Now, ninety-six years lie on her withered face
and her power blooms in us, her twelve children.

A mi madre

Madre, cuando el frescor
de mi mañana te abrazó,
en tu mirada reposaba el crepúsculo.

Arroyo quieto,
mapa de raíces
adornando tu vientre ajado
de tanto germinar.

Te quedaba polen para una flor más.

Tu fortaleza es herencia de cada
alma que inspiraste.
Tu ágil anatomía era pólvora a caballo
con árganas preñadas de vida,
camino al mercado,
Faena que, a la vez, te restaba y daba fuerzas.
Tus pies descalzos dan fe
de un conuco bien cuidado,
amplio como tu amor.

El río se paseó por los campos.
Regresó a su cauce muchas veces,
dibujando surcos en tu sonrisa
besada por el sol.

IN CASE DAWN NEVER COMES

El verde de tus ojos, aunque opaco, sigue vivo.

Suspiro,
rosas blancas llueven sobre mi alma
al escuchar el ayer en la voz de un roble
envejecido.

El hoy se escapa.
Una luna de plata suplanta la noche que
cubría tu espalda.
El caracol te apura, te gana, pero sigues.
Te aferras a la vida.

¿Cómo no amarte, vieja?
Soy astilla de ese roble
que, como el río,
se va y siempre se queda.

To my mother

Mother, when the cool breeze
of my morning touched you,
a twilight rested in your gaze.

Still stream,
map of tree roots adorning your
withered belly,
which carried so much life.

You had pollen left for yet one more flower.

Your strength is the inheritance of each
soul you breathed into existence.
Your agile anatomy was gunpowder on horseback
carrying sacks filled with life on your way to
the Market.
This, at the same time, took away your strength
and gave you the fortitude to go on.
Your bare feet attest to a well-tended cultivation
land,
wide as your love.

The river wandered through the fields,
returned to its course many times,
drawing furrows in your smile
kissed by the sun.

The green of your eyes, though dimmed,
is still alive.
I sigh,
white roses rain down on my soul
listening to yesterday
in the voice of an aged oak.

Today slips away,
a silver moon takes over the night that
used to cover your back.
The snail hurries you, beats you in the race,
but you keep going.
You cling on to life.

How could I not love you, mom?
I'm a splinter from that oak
which, like the river,
goes away but somehow always stays.

Con la mente en blanco

Cuando las ideas se escapan de mi mente
amenazando con dejarme sola;
y la tristeza, cual ola, retrocede, regresando con
más fuerzas; cuando tu nombre se escapa a través
del vacío, escribo.

La mente se hace cielo.
Me pierdo,
ausente de ideas, planes…
desierto.

Escribo de esa razón extraña por la que
no me inspiro,
aunque no sé si existe razón que valga.

Rodeada de tanto, veo nada.
Escribo sin saber qué escribir.

El abecedario me rompe la cabeza.
Veo letras, letras, más letras.

De súbito, la inspiración germina alas,
mi corazón se aferra,
y escribo.

La nada flota en mi mente:
blanca, simple, ancha.

Ese vacío es motivo.
En él escribo.

Escribo, escribo, escribo…

Mind like a blank page

When ideas escape my mind
threatening to leave me on my own;
and sadness, like a wave, recedes,
only to return with more strength;
when your name escapes through the void,
I write.

Mind becomes sky.
I get lost,
devoid of ideas, plans
I roam a desert.

I write about the strange reason
behind the elusiveness of inspiration,
but I don't know if there is a valid reason.

Surrounded by so much, I see nothing.
I write not knowing what.

The alphabet is a puzzle.
I see letters, letters, more letters.

And then inspiration sprouts wings,
my heart clings,
and I write.

Nothingness floats in my mind:
white, simple, wide.
This emptiness is reason enough.
On it, I write.

I write, I write, I write…

Con los ojos cerrados

Estoy parada frente al espejo.
Observo las curvas que tocaste un día:
están intactas.
Las miro.
Cierro los ojos.
Palomas blancas revolotean por mis caderas.
Un viento tibio ondea en mi cintura,
por mis senderos más ocultos,
recorriendo mis montañas
con sed de desierto.

Plumas suaves pintan palmo a palmo mis colinas
derramando este río de amor.
Como lava corre por mi interior,
a prisa, con pasión ardiente.

Abro los ojos.
La mentira descansa junto a mí.

Sonrío… sigo soñando.

With my eyes closed

I stand in front of the mirror.
I watch the curves you touched one day:
they are intact.
I look at them.
I close my eyes.
White pigeons flutter close to my hips.
A warm wind billows at my waist
along my most hidden paths,
touring my mountains,
with the thirst of a desert.

Soft feathers paint my hills inch by inch
releasing this river of love.
Like lava, it flows through me
in a hurry
with burning passion.

I open my eyes.
This lie rests by my side.

I smile… and keep dreaming.

Espigas secas

Espiga seca,
el verde horizonte te enmarca.
Entre llanuras y montañas
te despliegas libremente,
esperando el aplauso cruel de las tijeras.
Caminando en tu soleado mundo,
acaricio tu larga cabellera.
Cuánto te admiro,
¡Libre!
Erguida y flexible
ante la maleza.

La humanidad te arranca
y te devora.
Pero no te aflijas,
tus espigas dejan rastros
que renacen en los prados
para alimentar millones…
Tal como lo has hecho tú.
El viento las paseara.
Las nubes serán su techo.
El tractor regresará.

De nuevo el ciclo,
muestra de que volviste
y valió la pena.

Dry spikes

Dry spike,
the green horizon frames you.
Between plains and mountains
you unfold freely,
waiting for the cruel applause of the scissors.
Walking
in your sunny world,
I caress your long hair.
I admire you so!
Free!
Upright and flexible over the undergrowth.

How human evil rips and devours you.
But don't be sad.
Your spikes leave traces
to be reborn in the meadows
to feed millions.
Just like you have.

The wind will carry them.
The clouds will be their roof.
The tractor will be back.

The cycle once again:
proof that you returned
and it was worth it.

El beso del viento

El viento posa un beso en el cristal
marcando la alegría con su aliento.
Con frescura y placer
nos deja de sus viajes los encantos.

Quiérete

Sé protagonista de tu mundo.
La vida es solo un sueño
y el amor, sin avisar, cambia de dueño.
Te deja sola… contigo.

The kiss of the wind

The wind stamps a kiss on the glass
thus marking joy with its breath.
With freshness and pleasure
it leaves us the allure of its travels.

Love yourself

Be the protagonist of your world.
Life is just a dream.
Love, without warning, moves away.
It leaves you alone with yourself.

El valor de una mujer

Muchos hombres
rechazan a la mujer fuerte.
Esa que no se deja intimidar por
la gravedad de una voz.
La de ovarios poderosos.
La que sabe lo que quiere.
La que las derrotas y batallas
le han servido de algo.

A algunos hombres
les gusta algo más fácil.
No entienden
que la batalla
perdida o ganada
la hace más mujer

Cretinos son los hombres
que les gustan las rosas sin espinas.

The value of a woman

Many men reject strong women.
Those for whom a man's grave voice is no
intimidation.
Those with powerful ovaries.
Those who know what they want.
Those whose defeats and battles
have served them well.

Some men prefer an easier path.
They don't understand that the battle,
lost or won,
makes them better.

Morons they are:
these men who want roses without thorns.

Yo soy mi tierra

Yo soy flor que nace en la pradera,
en la loma y al final del arcoíris.
Soy pueblo, razón de mis afectos.
Soy tierra.

Soy crujir de caña negra y dulce, que germina.
Soy paso de río, zapato en mano.
Soy arrollo que hurga entre las piedras
buscando su frescura.
Higüero que trae agua de tinaja a labios.
Soy dominicana, hecha de mangú
que es oro que crece en árbol

Soy café colao, chocolate de agua,
pan con mantequilla,
fogón en tres piedras,
escoba de ramos.
Soy la bandera en la mesa al mediodía.

Soy flora y soy fauna,
minas y cuevas,
piedras preciosas,
monumentos, etnia.

Soy rasgos marcados de mamá y papá,
de abuelas comadronas y apellido raros,

De abuelitos dulces que cuentan historias
de antepasados, de ancestros, de guerras.
Soy tierra de hombre fuerte
y mujer de ovarios de piedra.

Soy Duarte, Sánchez y Mella
llorando en la tumba
al ver su Quisqueya con leyes que sangran.

Soy un rostro ajeno, de aquí, de allá.
Represento a muchos: mi rostro es la tierra.
Soy subsuelo de recursos
bañados de arroyos, ríos, mares.
Yo soy de Quisqueya.
Fértil como ella.
Llevo el mar caribe batiendo por dentro,
donde el abanico es un cocotero.
Soy tierra de ritmo, bachata y merengue.
A mí me despierta un panadero,
un gallo, un cañero, una bocina
que grita vida y trabajo.

Soy un sueño que ni el hambre
ni la lluvia intimidan.
Soy sueño que se cumple o se cumple.

Soy de un pasado fuerte,
de guerras ganadas y perdidas,
de héroes ya muertos

que viven en libros.
Soy coraje, dolor, alegría, sueños.
Soy dominicana,
Sancristobalense, de un hermoso campo, El Tablazo,
donde las escuelas enseñan respeto.

Y vivo en la tierra donde no se duerme.
Hablo Español y lo enseño para no perderme,
es que soy cultura.
Soy abrazo fuerte de mamá y papá.
Soy hermana tuya y prima del bodeguero.

Es que donde quiera que vaya:
¡Yo soy mi tierra y también la tuya!

I am my homeland

I am a flower born in the meadow,
on the hill and at the end of the rainbow.
I am a townsfolk—the very reason of my love.
I am my soil.

I am the crackling of germinating sweet black cane.
I am the action of crossing the river, shoes in hand.
I am a stream rummaging among the stones looking for its freshness,
an Higüero tree that brings water from the jar to the lips.
I am Dominicana, made of mangú[2]—gold that grows on trees.

I am coffee, water-chocolate, bread and butter.
I'm a stove on top of three stones,
a broom made of tree branches.
I am *la bandera*[3] on the table at noon.

---

[2] **Mangú** is one of the most common, delicious and traditional dishes in the Dominican Republic. It's green plantains mashed with butter, olive oil, and usually served with eggs, salami or cheese.

[3] **La bandera** is the most traditional and common dish in Dominican culture. It's comprised of white rice, pinto beans and meat—mostly chicken or beef.

POR SI NO AMANECE

Flora and fauna, mines and caves,
precious stones, monuments, ethnicity.
I am the inherited traits of mom and dad,
of midwife grandmothers and strange surnames,
of sweet grandfathers who tell stories of
ancestors and wars.

I am a land of strong men,
of women with ovaries strong as stones.

I am Duarte, Sánchez and Mella[4]
crying in their graves
over the laws that bleed out their Quisqueya[5].

I am from here and from everywhere.
I represent many: my face is the earth.
I am a subsoil of resources bathed
by brooks, rivers, and seas.
I'm from Quisqueya and as fertile as she is.
I carry the Caribbean Sea churning inside.
Here, the fan is a coconut tree.
I am the land of bachata and merengue.

It's the bread-seller's voice that wakes me up,

---

[4] **Juan Pablo Duarte, Francisco del Rosario Sánchez** and **Matías Ramón Mella** were the Founding fathers of the Dominican Republic.

[5] **Quisqueya** is originally one of the names used by the Taino people to refer to the Hispaniola island, shared by Haiti and the Dominican Republic. However, through time, it evolved into a patriotic term used almost exclusively by the Dominican people.

IN CASE DAWN NEVER COMES

Or a rooster, the man who sells the sugar cane,

a loud speaker in a pick-up truck screaming
life and work.

I am a dream neither hunger nor rain can
intimidate.
I'm a dream whose only choice is to come true.

I come from a strong past of wars won and lost,
of dead heroes living in books.
I am courage, pain, joy, dreams…

I'm Dominican, from San Cristobal,
from a beautiful country town: El Tablazo,
where schools teach respect.

And now I live in the city that never sleeps.
I speak Spanish and teach it,
so I won't get lost: because I'm culture.

I am mom and dad's powerful hug.
I am your sister
and every bodega clerk's cousin.

It's just that, wherever I go,
I am my land and also yours!

Sé tú

POR SI NO AMANECE

¡Qué linda eres primavera!
Deseo ser abeja,
volar sobre el lugar hermoso donde habitas,
besar las exuberantes rosas que te adornan.

Pero soy copo de nieve.
No armonizo en tus entornos.
Sueño con un capullo
que se congela con mis besos.

Hoy acepto el dulce brillo de mi frialdad.
¡Soy copo de nieve!

¿Juegas conmigo?

Be yourself

Spring, how beautiful you are!
I wish to become a bee
to fly over this beautiful place where you live,
and kiss the lush roses that adorn you.

But I am a snowflake.
I don't belong in your surroundings.
I dream of a cocoon
that freezes with my kiss.

I embrace the sweet shine of my coldness.
I'm snow!

Will you come play with me?

Volver a amar

Creer en volver a amar
hace latir mi interior.

Mariposas que aplauden,
pajarillos flotantes,
danzan en el viento.
Brilla la ilusión.
Se expresa el cuerpo.

La mirada fija en madrugadas tibias.
Melodía que entorpece el descanso.
Imágenes perfectas,
un bolero eterno.

Libertad de amar...
hasta que el deseo amaine.

Volver a amar es perfecto...
cuando sueño.

Love again

To believe I can love again
makes my insides throb.

Clapping butterflies
floating birds
dance in the wind

Illusion sparks.
The body expresses itself.

My gaze fixed on warm early mornings,
melody that hinders rest.
Perfect images,
an endless bolero song.

Freedom to love
until the loveliness subsides.

To love again is perfect…
in my dreams.

No pararé de amar

No pararé de amar.
¡No!
Amaré cuantas veces se me antoje.
Pierde sentido la vida sin un roce.
Se hace agrio el amor cuando lo ignoran.
¿Quién podrá aplacar mi corazón ardiente?
Solo la muerte…
y a su pesar,
palpitará en quienes tanto amé.

No pararé de amar.
¿Quién podrá aplacar mi corazón ardiente?

Solo la muerte.

Solo la muerte.

I will not stop loving

I will not stop loving.
No!
I will love as many times as I want.
Life loses meaning without someone's touch.
Love turns sour when ignored.
Who can contain my burning heart?
Only death…
and despite death itself,
it will beat on in those I loved so much.

I will not stop loving...
Who can contain my burning heart?

Only death.

Only death.

Belkis M. Marte Martich, República Dominicana, narradora y poeta. Licenciada en Ciencias del Comportamiento. En su trayectoria ha incursionado en el mundo de la narrativa, la poesía y la literatura infantil. Ha participado en las ferias del libro de New york, New Jersey, La República Dominicana y Feria Virtual del Libro, Colombia. Ha publicado *Memorias de mi Infancia* (Cuento, 2016), *De ti Depende el Color de la Noche / You choose the color of the night* (Poesía, 2018), *El Girasol Haragán / The Lazy Sunflower*, (Literatura infantil, 2019), *Banana y Zanahoria sueñan ser libres / Banana &*

Carrot Dream of Freedom (Literatura infantil, 2020), y *Una Chiquita Gigante*, (Literatura infantil, 2020). Belkis fue reconocida por sus aportes literarios en los XXIII premios Arte y Cultura Fradique Lizardo, 2019, San Cristóbal, República Dominicana. Su trabajo ha sido publicado en la revista Mitaraka e la Guayana Francesa y en Visítame magazine virtual, en la que colabora con cuentos, poemas y reflexiones literarias. Belkis forma parte del Taller literario, Narradores de Santo Domingo. Es embajadora en el Bronx de La Cafetería Poética y Cultural Candela, y de Arte Poética Latinoamericana, en la ciudad de New York. Nuestra escritora disfruta de leerle a los niños en escuelas, parques, patios, galerías y hasta en bodegas. En el 2021, inauguró un espacio de lectura en su pueblo natal, que poco a poco ha ido transformando en la Bibioteca Belkis M. Marte, donde todos pueden acceder a los libros de forma gratuita.

Índice / Index

Rehúsate	19
Refuse	20
Yo soy negra	21
I am black	23
La voz de mi ventana	25
The voice from my window	26
Percatándome	27
Noticing	28
El saber	29
Knowing	30
La palabra	31
Words	33
Destino	35
Fate	36
Hay esperanza	37
There is hope	38
Mayo sigue pasando	39
May keeps running its course	40
Sonajero / Al acecho / Encuéntrame	41
Rattle / Lurking / Find me	42
Tramposa ilusión	43
Tricky illusion	44
Por si no amanece	45
In case dawn never comes	46
Tu pijama	47

In your pajamas	48
Anhelo	49
Yearning	50
Me encantan tus encantos	51
Charmed by your charming ways	52
Candela	53
Flame	54
Cuando te ocupo, me encanta	55
I love it when I'm with you	56
Ruego	57
Plea	58
Llueve	59
It's raining	60
Te propongo	61
My proposal	62
Aniversario	63
Anniversary	64
Espérame	65
Wait for me	66
Balanza torcida	67
Crooked scale	68
Te fuiste	69
You left	70
Costilla	71
Rib	73
Desesperanza	75
Hopelesness	76
Añoranza	77
Longing	79
Dos pesos de mentiras	81
Two pesos of lies	83

Noviembre	85
November	86
Pétalos Muertos	87
Dead petals	88
Me voy	89
I'm leaving	91
Madrugada	93
Early morning	94
Partir no es irse	95
Leaving is not departing	96
Otra vez la lluvia	97
The rain once more	99
Llévame al campo	101
Take me to the countryside	103
Regreso a casa	105
Homecoming	107
El verdadero valor de una madre	109
A mother's true value	111
A mi madre	113
To my mother	115
Con la mente en blanco	117
Mind like a blank page	119
Con los ojos cerrados	121
With my eyes closed	122
Espigas secas	123
Dry spikes	124
El beso del viento / Quiérete	125
The kiss of the wind / Love yourself	126
El valor de una mujer	127
The value of a woman	128
Yo soy mi tierra	129

I am my homeland	132
Sé tú	135
Be yourself	136
Volver a amar	137
Love again	138
No pararé de amar	139
I will not stop loving	140

www.ingramcontent.com/pod-product-compliance
Lightning Source LLC
Chambersburg PA
CBHW052221090526
44585CB00015BA/1264